BEI GRIN MACHT SICH IHR WISSEN BEZAHLT

- Wir veröffentlichen Ihre Hausarbeit,
  Bachelor- und Masterarbeit

- Ihr eigenes eBook und Buch -
  weltweit in allen wichtigen Shops

- Verdienen Sie an jedem Verkauf

Jetzt bei www.GRIN.com hochladen und kostenlos publizieren

GRIN

Bibliografische Information der Deutschen Nationalbibliothek:

Die Deutsche Bibliothek verzeichnet diese Publikation in der Deutschen National-
bibliografie; detaillierte bibliografische Daten sind im Internet über http://dnb.d-
nb.de/ abrufbar.

Impressum:

Copyright © 2009 GRIN Verlag, Open Publishing GmbH
Druck und Bindung: Books on Demand GmbH, Norderstedt Germany
ISBN: 9783640487707

Dieses Buch bei GRIN:

http://www.grin.com/de/e-book/138987/euthanasie-und-hilfsschule

Daniel Rahn

Euthanasie und Hilfsschule

Ellen Key als Vorreiterin der Euthanasie

GRIN Verlag

GRIN - Your knowledge has value

Der GRIN Verlag publiziert seit 1998 wissenschaftliche Arbeiten von Studenten, Hochschullehrern und anderen Akademikern als eBook und gedrucktes Buch. Die Verlagswebsite www.grin.com ist die ideale Plattform zur Veröffentlichung von Hausarbeiten, Abschlussarbeiten, wissenschaftlichen Aufsätzen, Dissertationen und Fachbüchern.

Besuchen Sie uns im Internet:

http://www.grin.com/

http://www.facebook.com/grincom

http://www.twitter.com/grin_com

Johann-Wolfgang Goethe Universität
Frankfurt am Main
Fachbereich 04/Erziehungswissenschaften
Seminar (SoSe, 2009): Erziehungswissenschaft und Pädagogik in der NS-Zeit
Modul: EW-BA 2

<u>**Ausarbeitung des Referats zum Thema:**</u>

II. 8, Euthanasie und Hilfsschule
Ellen Key als Vorreiterin der Euthanasie

Daniel Rahn

Inhaltsverzeichnis

Einleitung

Schon in der Antike gab es eugenische Gedanken, wie z.B. in Platons „Politeia" oder Aristoteles´ „Politik"[1].
Der Begriff Euthanasie bedeutet lediglich eine Erleichterung des Todeskampfes[2], wurde aber in der Zeit des Nationalsozialismus anders interpretiert und umgesetzt. Der Begriff Eugenik, mit dem die Euthanasie im Zusammenhang steht, stammt aus dem altgriechischen und bedeutet soviel wie „gut" (eu) und Geschlecht (genos)[3].

1883 gewann der Begriff Eugenik langsam an Bedeutung, da er in erheblichem Zusammenhang mit den humangenetischen Erkenntnissen und der Anwendung auf die Gesundheits- und Bevölkerungspolitik[4] stand. Ziel war es, den Anteil von „guten" Erbanlagen zu fördern und den weniger guten Erbmaterials zu minimieren.
Der deutsche Mediziner Alfred Ploetz prägte in Deutschland um 1895 den Begriff der Rassenhygiene[5]. Dieser Begriff wurde weder im, noch nach dem 1. Weltkrieg oder in der Weimarer Republik[6] verworfen, sondern wurde sogar zu einem gebräuchlichen Begriff, der dann in der Zeit des NS-Staates , unter Anwendung von z.b. des „Gesetzes zum Schutz des Blutes" seinen grausamen Höhepunkt fand.

Eugenik als Wissenschaft hatte ihren Ursprung vor allem in Großbritannien, z.B. durch Robert Malthus, Francis Galton oder Herbert Spencer und beruhte vor allem auf den Thesen Darwins. Aber auch in Frankreich (Arthur de Gobineau), den USA (Alexander Graham Bell), und Deutschland (Nietzsche, Haeckel, Binding, Hoche, Lenz und Ploetz) gab es Vertreter oder Befürworter der Eugenik.
Es gab also um die Jahrhundertwende in vielen Ländern der westlichen Welt und Nordamerika viele Ansätze und Überlegungen der Eugenik, die oft auf Grund der hohen Säuglingssterblichkeit oder des Geburtenrückgangs und letztlich auch mit der Verbesserung der Gesellschaft begründet wird.
Auch in Schweden fand sich eine Vertretein bzw. Vorreiterin der Eugenik, die heute als Klassikerin der Reformpädagogik bzw. der Erziehungswissenschaft gilt, Ellen Key.

Die Eugenik oder Euthanasie hatte ihre Ursprungsgedanken also schon in der Antike, wurde dann um 1880 wieder entdeckt und fand ihren grausamen und schrecklichen Höhepunkt in der Zeit des Nationalsozialismus. Euthanasie ist also keine „Erfindung" der NS-Zeit. Sie wird nur mit dieser Zeit aufgrund des auch heute noch hoch interessanten Themas in besondere Verbindung gebracht.

---

1 http://de.wikipedia.org/wiki/Eugenik, Verweis auf Y. Knibiehler: „A brief history of eugenics", Agressologie 28(7)/1987, S765-767, sowie D.J. Galton: „Greej theories on eugenics", Journal of Medical Ethics 24(4)/1998, S.263-267, einen historischen Überblick gab Allen G.Roper: „Ancient Eugenics". The Arnold Prize Essay for 1913, B.H. Blackwell, Broad Street, Oxford (1913)
2 Ursula Hermann: „Die neue deutsche Rechtschreibung"; Bertelsmann Lexikon Verlag GmbH Gütersloh 1996, S. 367
3 http://de.wikipedia.org/wiki/Eugenik
4 http://de.wikipedia.org/wiki/Eugenik
5 http://de.wikipedia.org/wiki/Nationalszialistische_Rassenhygiene
6 http://de.wikipedia.org/wiki/Eugenik

Wodurch wurden Keys eugenische Ansichten geprägt, und verfolgte sie mit ihren eugenischen Gedanken rassistische Ziele oder die Verbesserung der menschlichen Rasse?

Ellen Key gilt als Vorreiterin der Eugenik und schrieb ihre eugenischen Gedanken vor allem in ihrem 1900 in Schweden und 1902 in Deutschland veröffentlichten Buch „Das Jahrhundert des Kindes". Gerade im ersten Kapitel Ihres Buches „Das Recht des Kindes, seine Eltern zu wählen", beschrieb sie die Ziele und Gründe der Eugenik und deren Notwendigkeit. Der Mensch solle seine Entwicklung so beeinflussen, dass ein höherer Menschentypus hervorgebracht wird[8].

> „Man findet schon den menschlichen Willen entscheidend bei der Züchtung neuer und höherer Arten in der Tier- und Pflanzenwelt. In bezug auf unser eigenes Geschlecht, auf die Erhöhung des Menschentypus, die Veredelung der menschlichen Rassen herrscht hingegen noch der Zufall in schöner oder hässlicher Gestalt."[9]

Hier zeigt sich ganz deutlich, dass Key zwar verschiedene Rassen in den Menschen sieht, sie aber keinen dieser Rassen in irgendeiner Form den Vorrang gibt oder eine über die andere stellt. Viel mehr ist es ihr Ziel oder auch ihr Wunsch, dass sich ein höherer Menschentypus entwickelt, egal welcher Rasse er angehört. Key wollte ähnlich wie Nietzsche eine Art „Übermenschen"[10], aber eben nicht auf eine bestimmte Rasse bezogen, sondern auf die gesamte Menschheit. Trotz oder gerade weil sie nicht die Verbesserung einer oder einzelner Rassen als Ziel hat, unterscheidet sie die Menschen in „höherwertige" und „minderwertige"[11] Menschen, da sie irgend einen Ausgangspunkt für die spätere Verbesserung des Menschentypus wählen muss. Die Fortpflanzung der „höherwertigen" wollte sie fördern[12], während die der „minderwertigen" demnach, so gut es geht, vermieden und unterbunden werden sollte. Key betrachtete die Ehe nur als „zufällige Form des sozialen Zusammenlebens"[13], in der das wichtigste die Art des Zusammenlebens in bezug auf die Nachkommen ist. Außerdem forderte sie eine neue Ethik, deren „(...)zehn Gebote (...) nicht vom Religionsstifter, sondern vom Naturforscher geschrieben werden"[14].

---

8 Ellen Key: „Das Jahrhundert des Kindes"; Athenäum Verlag Königstein/Ts. 1978; S.6
9 Ellen Key: „Das Jahrhundert des Kindes"; Athenäum Verlag Königstein/Ts. 1978; S.6
10 Baader/Jacobi/Andresen: „Ellen Key reformpädagogische Vision"; Beltz Verlag; Weinheim/Basel 2000; S.43
11 Anja Mankel: „Ellen Key: „Das Jahrhundert des Kindes",Das Recht des Kindes, seine Eltern zu wählen" – Rassistischer Größenwahn oder logische Konsequenz der modernen Lebenswelt?; Grin Verlag ; S.4
12 Anja Mankel: „Ellen Key: „Das Jahrhundert des Kindes",Das Recht des Kindes, seine Eltern zu wählen" – Rassistischer Größenwahn oder logische Konsequenz der modernen Lebenswelt?; Grin Verlag ; S.4
13 Ellen Key: „Das Jahrhundert des Kindes"; Athenäum Verlag Königstein/Ts. 1978; S.7
14 Ellen Key: „Das Jahrhundert des Kindes"; Athenäum Verlag Königstein/Ts. 1978; S.10

„Diese neue Ethik wird kein anderes Zusammenleben zwischen Mann und Weib unsittlich nennen, als das, welches Anlaß zu einer schlechten Nachkommenschaft gibt und schlechte Bedingungen für die Entwicklung dieser Nachkommenschaft hervorruft."[15]

Hier wird deutlich sichtbar, dass die Erkenntnisse von Charles Darwin über „Die Abstammung des Menschen und die geschlechtliche Zuchtwahl", der von ihm geprägte Begriff „struggle for life"[16] und der von Herbert Spencer geprägte Satz „survival of the fittest"[17] Einfluss auf Keys Theorien und Forderungen hatten. Folglich kann man Ellen Key als Sozialdarwinistin bezeichnen, denn sie forderte die Anwendung Darwin'scher Theorien auf den Menschen. In diesem Zusammenhang trat Key für eine Umgestaltung der Wissenschaften ein, indem sie die Naturwissenschaften z.B. als Grundlage für Rechtswissenschaften und Pädagogik forderte, wodurch dann die Menschen die Gesetze der natürlichen Auslese kennen lernen und im Geiste dieser Gesetze handeln sollten[18]. Key wollte verhindern, dass sich der „Verbrechertypus" fortpflanzt, der allerdings nur vom Gelehrten erkannt werden kann[19]. Als „Verbrechertypus" bezeichnet Key u.a. die Trunksüchtigen, die Geisteskranken oder die für die Ehe Ungeeigneten[20].

Aber auch Francis Galton hatte durch seine Arbeiten und Theorien Keys eugenische Gedanken beeinflusst, denn er führt an:

„(...)dass das Gesetz der natürlichen Auslese, das in der übrigen Natur „survival of the fittest" gesichert hat, in der menschlichen Gesellschaft nicht mehr gilt(...)"[21]

Dafür gibt Galton ökonomische Beweggründe an, bei denen z.B. durch den Reichtum die unrichtigen Heiraten gefördert werden[22]. Diese Ehen könnten natürlich „schlechte" Nachkommen erzeugen, da die Menschen aus materialistischen und nicht aus Rassenveredelungs-Gründen heiraten.

Deshalb fordert Key vor der Eheschließung ein ärztliches Zeugnis, welches beide Partner über jeweils mögliche Erberkrankungen des anderen informiert und dadurch die Entscheidung gegen eine „schlechte" Nachkommenschaft für die Eheleute und die möglichen Kinder erleichtert[23]. Key hält dieses Zeugnis für ebenso wichtig, wie die Fähigkeit zum

---

15 Ellen Key: „Das Jahrhundert des Kindes"; Athenäum Verlag Königstein/Ts. 1978; S.10
16 http://de.wikipedia.org/wiki/Eugenik#Evolutionstheorie_von_Charles_Darwin
17 http://de.wikipedia.org/wiki/Eugenik#Sozialdarwinistische_Gesellschaftstheorien
18 Ellen Key: „Das Jahrhundert des Kindes"; Athenäum Verlag Königstein/Ts. 1978; S.23
19 Ellen Key: „Das Jahrhundert des Kindes"; Athenäum Verlag Königstein/Ts. 1978; S.23
20 Anja Mankel: „Ellen Key: „Das Jahrhundert des Kindes",„Das Recht des Kindes, seine Eltern zu wählen" – Rassistischer Größenwahn oder logische Konsequenz der modernen Lebenswelt?; Grin Verlag ; S.4
21 Ellen Key: „Das Jahrhundert des Kindes"; Athenäum Verlag Königstein/Ts. 1978; S.12
22 Ellen Key: „Das Jahrhundert des Kindes"; Athenäum Verlag Königstein/Ts. 1978; S.12
23 Ellen Key: „Das Jahrhundert des Kindes"; Athenäum Verlag Königstein/Ts. 1978; S.28

Kriegsdienst[24]. Zudem sollten alle Ehen nur mit der Zustimmung des Gemeindevorstehers erlaubt werden[25]. Die Entscheidung gegen eine schlechte Nachkommenschaft, wäre für Key der Beweis für eine gute, verantwortungsvolle Elternschaft[26]. Falls es jedoch trotzdem zu einer „schlechten" Nachkommenschaft gekommen sein sollte, sollte die Barmherzigkeit den Tod geben. Denn dann: „wird die Humanität der Zukunft sich darin zeigen können, dass der Arzt unter Kontrolle und Verantwortung schmerzlos ein solches Leiden auslöscht"[27].

Außerdem sei das Christentum zu „milde" geworden, als dass es die unheilbar Kranken oder Verkrüppelten nicht der natürlichen „Härte" aussetzt, sondern, das psychische und physische Leiden, die stündliche Qual immer wieder verlängert[28]. Mit diesen Aussagen, verlässt Ellen Key das Gebiet der Eugenik und begibt sich in das Gebiet der Euthanasie. Auch Francis Galton, auf den sich Ellen Key immer wieder beruft und in ihre Arbeiten einfließen lässt, behauptete, dass durch die Zivilisationsbedingungen die natürliche Auslese ausgeschaltet sei, weshalb er auch Gegenmaßnahmen fordert, um einer möglichen Degeneration[29] entgegenzuwirken. Der Staat und die Gesetzgebung haben laut Key zwar nur einen geringen Einfluss[30], jedoch müssten diese Gesetze beschlossen werden, um den Menschen auch die rechtliche Grundlage geben zu können. Weiterhin verlangt sie von den Eltern, die bestmöglichen Bedingungen für das Aufwachsen der Kinder zu schaffen. Wenn diese jedoch nicht erreichbar sind, haben die Eltern das eugenisch begründete Recht, über Leben und Tod des Kindes zu entscheiden[31].

Das Ziel einer edleren Form kann man, so Key, nur dann erreichen, wenn man auf naturwissenschaftlicher Basis zur antiken Liebe der Schönheit und Stärke des eigenen Körpers kommt[32]. Der Staat muss in das Familienleben eingreifen, um die Frauen und Kinder vor männlichem Missbrauch und Ausbeutung zu schützen, da die damalige Gesetzgebung die „klügsten und geeignetsten" Frauen vor der Mutterschaft abschrecken und die Bevölkerungsqualität sinken würde[33]. Da um die Jahrhundertwende Verhütungsmittel nicht sehr verbreitet waren, sollten Frauen das Recht haben, sich dem Ehemann völlig zu verweigern, wenn eine „schlechte" Nachkommenschaft zu erwarten wäre[34].

24 Ellen Key: „Das Jahrhundert des Kindes"; Athenäum Verlag Königstein/Ts. 1978; S.28
25 Baader/Jacobi/Andresen: „Ellen Key reformpädagogische Vision"; Beltz Verlag; Weinheim/Basel 2000; S.105
26 Baader/Jacobi/Andresen: „Ellen Key reformpädagogische Vision"; Beltz Verlag; Weinheim/Basel 2000; S.61
27 Ellen Key: „Das Jahrhundert des Kindes"; Athenäum Verlag Königstein/Ts. 1978; S.18
28 Ellen Key: „Das Jahrhundert des Kindes"; Athenäum Verlag Königstein/Ts. 1978; S.17
29 http://de.wikipedia.org/wiki/Sozialdarwinismus vgl. R.Bannister: "Social darwinsmus" S. 166
30 Ellen Key: „Das Jahrhundert des Kindes"; Athenäum Verlag Königstein/Ts. 1978; S.28
31 Baader/Jacobi/Andresen: „Ellen Key reformpädagogische Vision"; Beltz Verlag; Weinheim/Basel 2000; S.260
32 Ellen Key: „Das Jahrhundert des Kindes"; Athenäum Verlag Königstein/Ts. 1978; S. 9
33 Baader/Jacobi/Andresen: „Ellen Key reformpädagogische Vision"; Beltz Verlag; Weinheim/Basel 2000; S.111
34 Baader/Jacobi/Andresen: „Ellen Key reformpädagogische Vision"; Beltz Verlag; Weinheim/Basel 2000; S.109

Auch hierbei wären, die zuvor erwähnten geforderten Zeugnisse von Vorteil. Der antisemitische Schriftsteller H.S. Chamberlain schrieb in seinem Werk „Die Grundlagen des 19. Jahrhunderts", dass die Juden ein typisches Beispiel für eine starke, reine Rasse sind[35]. Hierbei berief er sich auf Darwin, der in „Origin of Species" beschrieb, wie wesentlich die reine Abstammung für eine edlere Rasse sei[36]. Auch Disraeli, ein Repräsentant des Judentums, sagte: „Rasse ist alles; es gibt keine andere Wahrheit, und jede Rasse, die sorglos Blutvermischung zulässt, geht unter"[37]. Auch wenn Ellen Key Antisemiten zitiert, war sie keine Rassistin, sondern wollte nur ihre eugenischen Gedanken untermauern, denn sie zitierte unter anderem Antisemiten sowie bedeutende Repräsentanten des Judentums.

Man müsste sich allerdings die Frage stellen, ob es bei einer radikalen und vor allem bis zum Schluss ausgeführten Eugenik bzw. Euthanasie diese länger als drei bis vier Generationen gegeben hätte. Denn das „schlechte" Erbmaterial würde ja nicht mehr existieren. Auch Spencers Leitsatz „survival of the fittest" würde nur noch bedingte Anwendung finden. Eugenik oder Euthanasie würde sich wahrscheinlich nur noch bei Unfällen mit unheilbaren Folgen oder in Altersheimen zeigen, wobei Altersheime höchst wahrscheinlich nicht existieren würden, da sie wiederum nur „unwertes oder unnützes" Leben verlängern.

Auch Key hat sich mit solchen Gedanken beschäftigt, indem sie anführt, wenn in einer Familie die Erbanlagen ihren Kulminationspunkt erreicht haben, die Kinder nicht mehr dieses Genie erreichen können und nicht nur durchschnittlich, sondern gar unbedeutend werden[38]. Daraus könnte man also schließen, dass die „Veredelung der Art"[39] nur bis zu einem bestimmten Punkt durchführbar wäre und die Nachkommen nicht mehr an das Genie heran kämen, somit wieder „schlechter" wären und der Eugenik oder Euthanasie zum Opfer fielen, was vermutlich zu einem gefährlichen Problem des Fortbestehens der Menschheit führen würde.

Ziel der Eugenik in diesem Zeitraum - wie auch das von Key - war es, den Folgen der Industrialisierung, wie z.B. Prostitution, Alkoholismus, Säuglingssterblichkeit und Geburtenrückgang[40] entgegen zu wirken. Für Ellen Key und andere feministische Eugenikerinnen, war die Bevölkerungsqualität wichtiger, als die Quantität[41].

---

35 Ellen Key: „Das Jahrhundert des Kindes"; Athenäum Verlag Königstein/Ts. 1978; S.16
36 Ellen Key: „Das Jahrhundert des Kindes"; Athenäum Verlag Königstein/Ts. 1978; S.16
37 Ellen Key: „Das Jahrhundert des Kindes"; Athenäum Verlag Königstein/Ts. 1978; S.16
38 Ellen Key: „Das Jahrhundert des Kindes"; Athenäum Verlag Königstein/Ts. 1978; S.15
39 Ellen Key: „Das Jahrhundert des Kindes"; Berlin 1926; S.36
40 Baader/Jacobi/Andresen: „Ellen Key reformpädagogische Vision"; Beltz Verlag; Weinheim/Basel 2000; S.94
41 Baader/Jacobi/Andresen: „Ellen Key reformpädagogische Vision"; Beltz Verlag; Weinheim/Basel 2000; S.116

„Das Jahrhundert des Kindes", weist den Staat auf eine seiner wichtigsten Aufgabe hin, nämlich eine neue sozialpolitische Ordnung anzustreben, um die Kindheit zu modernisieren[42] und demzufolge durch gezielte Förderungen die Qualität der neuen Generation, die der Tüchtigsten (diejenigen mit „guten" Erbanlagen) und Begabtesten, zu steigern[43]. Ellen Key wollte den „Kampf ums Dasein" wieder zur Anwendung bringen und bedauerte es, dass es noch nicht zu edleren Formen in diesem Kampf kam[44].

Abschließend kann man also sagen, dass Key hauptsächlich die Verbesserung des Menschentypus allgemein, durch Förderung des „gesunden guten" Erbmaterials sowie die Verhinderung der Fortpflanzung „schlechten" Erbmaterials forderte. Sie stützt sich u.a. auf Charles Darwin, Herbert Spencer, Fancis Galton oder Friedrich Nietzsche und beruft sich immer wieder auf die Natur. Denn in der Natur greift das Gesetz der natürlichen Auslese, das des Überlebens des Stärkeren, welches durch die Zivilisation der Menschheit nicht mehr wirkt. Sie fordert also den Weg zurück zur Natur, weil nur so die natürliche Auslese in der Menschheit wieder stattfinden könnte und somit das „gute" Erbmaterial das „schlechte" überlebt, was zu einem höheren Menschentypus beitragen würde.

---

42 Baader/Jacobi/Andresen: „Ellen Key reformpädagogische Vision"; Beltz Verlag; Weinheim/Basel 2000; S.255
43 Baader/Jacobi/Andresen: „Ellen Key reformpädagogische Vision"; Beltz Verlag; Weinheim/Basel 2000; S.118
44 Baader/Jacobi/Andresen: „Ellen Key reformpädagogische Vision"; Beltz Verlag; Weinheim/Basel 2000; S.44

Ellen Keys Einfluss auf die deutsche Eugenik und die Euthanasie in der Zeit des Nationalsozialismus

Ellen Key zählt zu den feministischen Eugenikerinnen, die die Hauptrichtung der Eugenik in der Zeit von 1900 bis 1933 prägten[45]. Von einigen Historikern wird diese Zeit allerdings auch als Ausverkauf der Feministen an verschiedene Ideologien, wie Nationalsozialismus, Rassismus, Militarismus und Faschismus[46] bezeichnet. Ellen Key zählte im deutschen Sprachraum vor dem ersten Weltkrieg zu den bekanntesten Skandinavierinnen[47]. In den Jahren zwischen 1900 und 1914 hatte sie ihren größten Einfluss[48], einige der bürgerlichen Frauen sahen zu ihr auf und verehrten sie regelrecht[49]. Die Autorin Tiina Kinnunen spricht sogar von einem Verehrungskult[50]. Auf ihren Vortragsreisen 1905, 1906 und 1908 wurde Ellen Key begeistert aufgenommen und wie eine Priesterin - sie stand auf einem Podium - verehrt[51]. Viele der Zuhörerinnen wollten sie allerdings auch persönlich treffen, und wie Marie Prausnitz beschrieb, die einen Kuss, wie von einer „guten, guten Mutter" bekam, war ein solches Treffen unvergesslich[52]. Maria Breysig war dem Verehrungskult allerdings noch mehr erlegen und schrieb nach Keys Abreise:

> *„(...) wie ich oft bei dir sein möchte, zu Deinen Füßen sitzen, meinen Kopf auf Deinen Schoß legen, Deine Hand auf meinem Haar fühlen und Deine liebe Stimme hören(...)"[53].*

Diese Aussagen haben fast schon etwas sektenhaftes, wo eine hohe Priesterin von ihren Jüngern vergöttert wird, es erklärt jedoch auch den hohen Bekanntheitsgrad Keys in Deutschland. Fotos von Ellen Key (manchmal sogar mit Autogramm) waren beliebte und begehrte Geschenke. So auch bei Margareta Schurgast, die ihren Söhnen ein Foto Keys schenkte und zu ihnen sagte, dass sie eine verständnisvollere Mutter sei als andere Mütter[54].

> *„ Und deshalb liebe ich sie so, und deshalb müsst ihr sie immer verehren und ihr Name muß euch ein Heiligtum sein(...)"[55]*

45 Baader/Jacobi/Andresen: „Ellen Key reformpädagogische Vision"; Beltz Verlag; Weinheim/Basel 2000; S.105
46 Baader/Jacobi/Andresen: „Ellen Key reformpädagogische Vision"; Beltz Verlag; Weinheim/Basel 2000; S.105
47 Baader/Jacobi/Andresen: „Ellen Key reformpädagogische Vision"; Beltz Verlag; Weinheim/Basel 2000; S.64
48 Baader/Jacobi/Andresen: „Ellen Key reformpädagogische Vision"; Beltz Verlag; Weinheim/Basel 2000; S.106
49 Baader/Jacobi/Andresen: „Ellen Key reformpädagogische Vision"; Beltz Verlag; Weinheim/Basel 2000; S.64
50 Baader/Jacobi/Andresen: „Ellen Key reformpädagogische Vision"; Beltz Verlag; Weinheim/Basel 2000; S.67
51 Baader/Jacobi/Andresen: „Ellen Key reformpädagogische Vision"; Beltz Verlag; Weinheim/Basel 2000; S.67
52 Baader/Jacobi/Andresen: „Ellen Key reformpädagogische Vision"; Beltz Verlag; Weinheim/Basel 2000; S.67
53 Baader/Jacobi/Andresen: „Ellen Key reformpädagogische Vision"; Beltz Verlag; Weinheim/Basel 2000; S.67
54 Baader/Jacobi/Andresen: „Ellen Key reformpädagogische Vision"; Beltz Verlag; Weinheim/Basel 2000; S.68
55 Baader/Jacobi/Andresen: „Ellen Key reformpädagogische Vision"; Beltz Verlag; Weinheim/Basel 2000; S.68 nach
    Schurgast 24.06.1907

In der Zeit von Keys größtem Einfluss wurden 1905 zwei Organisationen in Deutschland gegründet. Zum einen der von Helene Stöcker geleitete „Bund für Mutterschutz" (BfM), zum anderen die von Alfred Ploetz geleitete „Gesellschaft für Rassehygiene" (GfR), die sich beide, wenn auch nur teilweise, mit eugenischen Fragen auseinandersetzten[56]. Ellen Key wurde zwar mit beiden Organisationen in Verbindung gebracht, nahm allerdings nur an der ersten Versammlung des BfM teil[57]. Wohl auch aufgrund der antifeministischen Haltung Ploetzs und der eher an Verbesserung der einzelnen Rasse orientierten Gedanken der Gesellschaft für „Rassenhygiene". Auch in den bürgerlichen Schichten fand der BfM mehr Anklang als die GfR, zumindest wenn man die Zahlen der Mitglieder (BfM 1908: 3800 und GfR: 150) zu Rate zieht[58].

Im ersten Paragraph des BfM lassen sich Parallelen und Ähnlichkeiten zu einigen Forderungen Keys erkennen, denn wie Key wird auch vom BfM die rechtliche, wirtschaftliche und soziale Verbesserung der Stellung der Frau sowie die Gleichberechtigung von unverheirateten Müttern bzw. von ehelichen und unehelichen Kindern[59] gefordert. Da die Geburtenrate 1910 in Deutschland um 37% gesunken ist, sollte die Kindersterblichkeit durch Verbesserung der Gesundheit der Kinder minimiert werden[60]. Das sollte natürlich durch die Fortpflanzung gesunden Erbgutes gefördert werden. Die Mütter sollten das Recht auf eine „bewusste Mutterschaft" erhalten, um zur Verbesserung der Bevölkerungsqualität beizutragen[61]. Hierfür sollte sich die Frau dem Mann sexuell völlig verweigern dürfen, denn eine ungewollte und entweihte Mutterschaft bringt, so die eugenischen Überlegungen vieler Feministinnen, nur verstümmelte und kranke Kinder hervor[62]. Allerdings könnte das Problem der Prostitution, welches die Eugenik verhindern wollte, durch die völlige sexuelle Zurückhaltung der Frau verstärkte werden.

Ellen Keys Vorstellungen und Forderungen, die sie selbst als utopisch in bezug auf die Anwendbarkeit und Umsetzung in der Praxis betrachtete[63], wurden erstaunlicherweise vielfach, sowohl vor wie auch nach dem ersten Weltkrieg diskutiert[64]. Einige von Keys Vorstellungen wurden sogar umgesetzt, so z.B. 1914 geschehen, als die deutsche kaiserliche Regierung nach Anregung des BfM Kriegsunterstützung, für eheliche wie auch

---

56 Baader/Jacobi/Andresen: „Ellen Key reformpädagogische Vision"; Beltz Verlag; Weinheim/Basel 2000; S.106
57 Baader/Jacobi/Andresen: „Ellen Key reformpädagogische Vision"; Beltz Verlag; Weinheim/Basel 2000; S.106
58 Baader/Jacobi/Andresen: „Ellen Key reformpädagogische Vision"; Beltz Verlag; Weinheim/Basel 2000; S.107
59 Deutschland Radio, Kalender Blatt vom 5. Januar 2005; Abruf 1. September 2007
     http://www.dradio.de/dlr/sendungen/kalender/335728/
60 Baader/Jacobi/Andresen: „Ellen Key reformpädagogische Vision"; Beltz Verlag; Weinheim/Basel 2000; S.108
61 Baader/Jacobi/Andresen: „Ellen Key reformpädagogische Vision"; Beltz Verlag; Weinheim/Basel 2000; S.108
62 Baader/Jacobi/Andresen: „Ellen Key reformpädagogische Vision"; Beltz Verlag; Weinheim/Basel 2000; S.109
63 Jahrgangsübergreifender Unterricht - JÜL / FLEX -Ist die marode Schule von heute mit Pädagogik aus der
     NS-Zeit zu retten? : aus http://jena-plan.grundschulservice.de/
64 Baader/Jacobi/Andresen: „Ellen Key reformpädagogische Vision"; Beltz Verlag; Weinheim/Basel 2000; S.115

für uneheliche Kinder von Militärangehörigen gewährte[65]. Auch Keys Forderung nach einem Gesundheitszeugnis vor der Eheschließung, um „schlechte" Nachkommen zu vermeiden, fand 1917 auf einer von der GfM veranstalteten Konferenz, an der auch einige Vertreterinnen des BfM und anderer Organisationen teilnahmen, Anklang. Es wurde allerdings kein Gesetzentwurf für ein verpflichtendes Gesundheitszeugnis beschlossen, sondern lediglich eine Petition bei der Regierung eingereicht, die diese verpflichtete, an heiratswillige Paare eugenische Merkblätter zu verteilen[66].

1908 schlug die Sozialistin Adele Schreiber die Einführung eines „Bewahrungsgesetzes" vor, das vorsah, „humane Kolonien" für psychisch kranke Menschen einzurichten[67]. Diese Forderung erscheint allerdings eher widersprüchlich, denn was soll menschlich am Wegsperren von psychisch Kranken sein, denn nichts anderes als menschlich bedeutet human. Allein der Ausdruck „humane Kolonien", in die man unerwünschte (hier psychisch Kranke) sperren will, weist doch die ein oder andere Parallele zu den Konzentrationslagern der Nationalsozialisten auf, die psychisch Kranke, aber auch politische Gegner oder Angehörige von unterschiedlichen Religionen oder Rassen internierten. Diese angedachten „humanen Kolonien" von 1908 wären ein paar Jahrzehnte später wahrscheinlich eine gern gesehene Hilfe der T4-Aktion, der etwa 70000 psychisch Kranke oder Menschen mit sog. unheilbaren Krankheiten zum Opfer fielen[68].

Hier stellt sich allerdings die Frage, ob nicht gerade Aufgaben (z.b. der Umgang mit unheilbar kranken oder behinderten Menschen) die schwer erscheinen oder Überwindung, Kraft und Nerven kosten und uns herausfordern, die sind, an denen Betroffene und auch man selbst wächst, aus denen man gestärkt hervorgeht und so die Gesellschaft evtl. verbessert?

Der „Bund deutscher Frauenvereine" ging mit der 1920 an den Reichstag adressierten Petition, in der die Unterbringung von „krankhaften, geistig minderwertigen und unverbesserlichen Elementen" in „Psychopatenheimen und Arbeitskolonien"[69] gefordert wurde, sogar noch einen Schritt weiter. Denn die geforderte Unterbringung in Arbeitskolonien fand auch in der NS-Zeit eine ähnliche Anwendung. Der Unterschied besteht allerdings darin, dass psychisch kranke und krankhafte Menschen der Euthanasie bzw. dem Hunger-Arbeitstod in den Konzentrationslagern zum Opfer gefallen wären. Auch „sittlich gefährdete", wie z.B. Mädchen, denen der Abstieg in die Prostitution drohte,

---

65 Baader/Jacobi/Andresen: „Ellen Key reformpädagogische Vision"; Beltz Verlag; Weinheim/Basel 2000; S.115
66 Baader/Jacobi/Andresen: „Ellen Key reformpädagogische Vision"; Beltz Verlag; Weinheim/Basel 2000; S.115
67 Baader/Jacobi/Andresen: „Ellen Key reformpädagogische Vision"; Beltz Verlag; Weinheim/Basel 2000; S.114
68 Stefan Büttner: Ideologie des Herrenmenschen – Euthanasie – Holocaust, Von der Ideologie des Herrenmenschen zu Euthanasie und Holocaust Vortrag im Rahmen der Fortbildungsveranstaltung des Fachverbandes LER-Brandenburg zum Thema: „Weltbilder – Menschenbilder" am 1. 3. 2007, S.15
69 Baader/Jacobi/Andresen: „Ellen Key reformpädagogische Vision"; Beltz Verlag; Weinheim/Basel 2000; S.118

sollten in diese „Heime oder Kolonien" eingewiesen werden, denn Eugenik wollte ja die Probleme der Industrialisierung, zu denen die Prostitution gezählt wurde, unterbinden.

Unter anderem aus diesem Grund sollte der Staat sozialhygienische Funktionen als zentrale Aufgabe behandeln[70], denn das sollte das Ziel sein, eine „Veredelung der Rasse" zu erzielen. Tatsächlich wurde 1928 auf politischer Ebene über die Legalisierung der freiwilligen Sterilisation diskutiert[71]. Hitler selbst sagte später: „Er (der völkische Staat) muß dafür Sorge tragen, dass nur wer gesund ist, Kinder zeugt(...)"[72]. Weiterhin muss der Staat durch Hygiene und Vorsorge zur Reinerhaltung der Rasse beitragen[73]. Nachdem die Nationalsozialisten 1933 an die Macht gelangt waren überlegte man in Preußen, ob ein Gesetz zur Sterilisation verabschiedet werden sollte. Noch im selben Jahr wurde das Gesetz zur „Verhütung erbkranken Nachwuchses" erlassen, mit dem die Zwangssterilisation von Schwachsinnigen und Menschen mit als vererbbar eingeschätzten Krankheitsbildern angeordnet wurde[74]. 1935 wurde das „Gesetz zum Schutze des deutschen Blutes und der deutschen Ehre" verabschiedet, welches die Reinheit des deutschen Blutes für das Fortbestehen des deutschen Volkes zum Ziel hatte und u.a. Heirat oder Verkehr zwischen Juden und Deutschen unter Strafe stellte[75]. Diese Forderungen und Gesetze müssten eigentlich im Widerspruch zu den Forderungen Keys stehen, da dieses Eingreifen in die Natur kritisiert wird, was das unwerte Leben bis dato verlängerte. Nun wird allerdings das Eingreifen zum Zwecke der Wiederherstellung der natürlichen Gesetze legitimiert, und im NS-Staat wird die Tötung von „unwerten" Bevölkerungsteilen für notwendig erachtet bzw. mit natürlichen Gesetzen begründet. Bei Key, wie auch in Deutschland bzw. im Dritten Reich weist man den Ärzten eine entscheidende Aufgabe zur Verbesserung des gesamten Menschentypus (Key) bzw. Reinerhaltung der Rasse zu. Key forderte, dass Ärzte das Leiden unter Kontrolle und Verantwortung schmerzlos auslöschen, während Karl Hoche und Karl Binding 1920 die Freigabe zur Vernichtung unwerten Lebens forderten, in dem Ärzte „wertlose oder schädliche Teile und Teilchen preisgeben und abstoßen sollen"[76]. Die medikalisierte Tötung durch Ärzte lässt sich laut Stefan Büttner in folgende drei Phasen einteilen:

---

70 Baader/Jacobi/Andresen: „Ellen Key reformpädagogische Vision"; Beltz Verlag; Weinheim/Basel 2000; S.255
71 Baader/Jacobi/Andresen: „Ellen Key reformpädagogische Vision"; Beltz Verlag; Weinheim/Basel 2000; S.119
72 http://de.wikipedia.org/wiki/Nationalsozialistische_Rassenhygiene
73 Stefan Büttner: Ideologie des Herrenmenschen – Euthanasie – Holocaust, Von der Ideologie des Herrenmenschen zu Euthanasie und Holocaust Vortrag im Rahmen der Fortbildungsveranstaltung des Fachverbandes LER-Brandenburg zum Thema: „Weltbilder – Menschenbilder" am 1. 3. 2007, S.12
74 Baader/Jacobi/Andresen: „Ellen Key reformpädagogische Vision"; Beltz Verlag; Weinheim/Basel 2000; S.119
75 Gesetz zum Schutze des deutschen Blutes und der deutschen Ehre (15.09.1935), in: documentArchiv.de [Hrsg.], URL: http://www.documentArchiv.de/ns/nbgesetze01.html, 10.08.2009
76 Robert Jay Lifton: Ärzte im Dritten Reich. 1988, S. 45 zitiert nach Stefan Büttner: „Ideologie des Herrenmenschen-Euthanasie-Holocaust"

1. die Zwangsterilisationen,

2. begann mit dem Versand der medizinischen Meldebögen (ähnlich wie Key es forderte) und endete mit der T4 Aktion und

3. die Ermordung der Juden, Sinti und Roma, der Homosexuellen und anderer Gruppen[77].

Zu Beginn des Euthanasieprogramms im Dritten Reich hatten Ärzte daran entscheidenden Anteil. Sie sollten es als selbstverständlich betrachten, im täglichem Kampf an der Front zur Erlösung der Menschheit beizutragen[78].

Der NS-Staat hingegen erkannte seine Aufgaben, mit denen er zur Veredelung der Rasse beitragen muss, indem er zwischen 1933 und 1945, ähnlich der Anfang des 19.Jahrhunderts eingeführten Stillprämien, z.b. Gebährprämien oder Mutterkreuze einführte[79], allerdings nur für rassenideologisch „gute" Nachkommen, also entgegen Keys Vorstellungen von einem edleren Menschentypus. Ziel war es, so Gisela Bock, eine „Aufartung" der Rasse, eine Reproduktion von „erbgesundem einwandfreiem Nachwuchs" zu erreichen, ohne Rücksicht auf Mütter und Kinder zu nehmen[80]. Auch die Frauenfeindlichkeit der Nationalsozialisten, die Frauen die nicht arischen Kriterien entsprachen, verboten, Kinder zu bekommen[81], dürfte nicht mit den Key´schen Interessen übereinstimmen. Für Key war es, anders als bei den Nationalsozialisten, egal welcher Rasse oder Religion die Menschen angehörten, solange es zu einer edleren und verbesserten Nachkommenschaft führen würde. Die einzige Übereinstimmung zwischen Key und den NS-Forderungen zeigt sich darin, dass beide die Fortpflanzung von Kriminellen, Geisteskranken, Asozialen oder Schwachsinnigen unterbinden wollten. Auf einem Werbeplakat der NSDAP wurde die Notwendigkeit begründet, weshalb der Staat und jeder Einzelne eine schlechte Nachkommenschaft verhindern sollte, da Erbkranke den Staat auf Lebenszeit rund 60.000 RM kosten[82] und somit dem Staat und die veredelte Rasse an der Entwicklung hindert.

Key, die sich immer wieder auf die Natur, das natürliche Lernen (nach Rousseau) und die natürliche Auslese (Darwin, Spencer) beruft, fand bei einigen Reformpädagogen bzw.

77 Stefan Büttner: Ideologie des Herrenmenschen – Euthanasie – Holocaust, Von der Ideologie des Herrenmenschen zu Euthanasie und Holocaust Vortrag im Rahmen der Fortbildungsveranstaltung des Fachverbandes LER-Brandenburg zum Thema: „Weltbilder – Menschenbilder" am 1. 3. 2007, S.15
78 Stefan Büttner: Ideologie des Herrenmenschen – Euthanasie – Holocaust, Von der Ideologie des Herrenmenschen zu Euthanasie und Holocaust Vortrag im Rahmen der Fortbildungsveranstaltung des Fachverbandes LER-Brandenburg zum Thema: „Weltbilder – Menschenbilder" am 1. 3. 2007, S.14
79 Baader/Jacobi/Andresen: „Ellen Key reformpädagogische Vision"; Beltz Verlag; Weinheim/Basel 2000; S.99
80 Baader/Jacobi/Andresen: „Ellen Key reformpädagogische Vision"; Beltz Verlag; Weinheim/Basel 2000; S.99
81 Baader/Jacobi/Andresen: „Ellen Key reformpädagogische Vision"; Beltz Verlag; Weinheim/Basel 2000; S.99
82 http://www.dhm.de/lemo/wk2/holocaust/euthanasie/index.html

Erziehungswissenschaftlern aus Deutschland, wie z.B. Hermann Nohl, Peter Petersen, Eduard Spranger, Erich Weniger und Herrmann Lietz viel Zuspruch und Anerkennung[83], wegen ihrer eugenischen Gedanken die teilweise auch in die Euthanasie hineinreichten.

Die Forderung Keys nach Gleichberechtigung von unehelichen und ehelichen Kindern, lässt sich in ähnlicher Weise in dem 1935 von Heinrich Himmler gegründeten Lebensborn e.V. wiederfinden. Im Lebensborn wurde jungen „wertvollen" Frauen mit Kinderwunsch die Möglichkeit gegeben, sich mit SS-Männern fortzupflanzen[84]. Im Lebensborn sollten möglichst viele Kinder gezeugt werden, die den Rassekriterien entsprachen. Dabei war es unwichtig, ob die Kinder, die im Rahmen des Lebensborns gezeugt wurden unehelich waren. Wichtig war nur, dass sie rassenideologisch möglichst einwandfrei waren. Auch Gerda Bormann trat für die Gleichstellung von ehelichen und unehelichen Kindern ein[85].

Wie sollte aber nun die edlere Rasse erzogen werden? Ellen Key wie auch Ernst Krieck weisen der Gesellschaft diese „höchste" Aufgabe zu[86]. Dass die Gemeinschaft ihre Glieder erzieht, war eine der vier Formen der Erziehung, die von Krieck entwickelt wurden, wobei er das Wohl des Kindes unter das der Gemeinschaft stellt[87], was wiederum im Widerspruch zu Key, für die das Wohl des Kindes das wichtigste ist, steht. Die Berufung auf die Natur als Grundlage für eine veredelte Rasse wird sowohl von Key als z.B. auch von Nohl benutzt. Die Entwicklung und das Verhalten des Kindes wird laut Nohl maßgeblich durch den Erzieher bestimmt[88], der nach den ideologischen Forderungen handeln sollte. Weiterhin sind für Nohl die natürlich gegebenen Anlagen unumgehbar. Deshalb sollten die Begabungen und Neigungen mit dem Ziel eines „freien Geistes"[89] gefördert werden. Auch Wilhelm Hartnacke bzw. Hermann Muckermann waren der Ansicht, dass die Menschen über verschiedene Erbanlagen verfügen[90]. Durch Beeinflussungen bei Eheschließungen sowie individuelle Förderung der Neigungen und Anlagen unter eugenischen Gesichtspunkten, sollten die Menschen in ihren entsprechenden Berufen Höchstleistungen erbringen[91]. Somit sollte in bestimmten Abstufungen eine veredelte Rasse hervorgebracht werden.

---

83 http://jena-plan.grunschulservice.de/ : Jahrgangsübergreifender Unterricht – JÜL/FLEX- Ist die marode Schule von heute mit Pädagogik aus der NS-Zeit zu retten?
84 http://de.wikipedia.org/wiki/Nationalsozialistische_Rassenhygiene#.E2.80.9C_und_Abtreibungsverbot
85 aus n24 History, „Die Geschichte der deutschen: Frauen im Dritten Reich", 20.07.09 Mod.: Dieter Kronzucker
86 Ellen Key: „Das Jahrhundert des Kindes"; Athenäum Verlag Königstein/Ts. 1978; S.5
87 K. Ch. Lingelbach, „Erziehung und Erziehungstheorien im nationalsozialistischen Deutschland" 2. überarbeitete Ausgabe, Dipa-Verlag Frankfurt am Main 1987, S. 68
88 Baader/Jacobi/Andresen: „Ellen Key reformpädagogische Vision"; Beltz Verlag; Weinheim/Basel 2000; S.304
89 Baader/Jacobi/Andresen: „Ellen Key reformpädagogische Vision"; Beltz Verlag; Weinheim/Basel 2000; S.312
90 Baader/Jacobi/Andresen: „Ellen Key reformpädagogische Vision"; Beltz Verlag; Weinheim/Basel 2000; S.310
91 erarbeitet aus Baader/Jacobi/Andresen: „Ellen Key reformpädagogische Vision"; Beltz Verlag; Weinheim/Basel 2000; S.310

Abschließend kann man sagen, dass Ellen Key mit ihren Gedanken und Forderungen maßgeblich die Eugenik um die Jahrhundertwende sowie teilweise die spätere Euthanasie im Dritten Reich beeinflusst hat. Ihre Gedanken waren allerdings keineswegs rassistisch motiviert, sondern zielten auf die Veredelung des Menschentypus ab.

Außerdem prägte sie den Mythos vom Kind[92]. Eine ähnliche Mystifizierung des Kindes lässt sich in der NS-Zeit wiedererkennen, denn die Verehrung des Kindes lässt sich in der zukünftigen „Veredelung der Rasse" begründen, da die Kinder die Zukunft und der Grundstein für den angestrebten Übermenschen der NS-Zeit waren. Um das Ziel eines höheren Menschentypus zu erreichen, wies Key auf die Notwendigkeit körperlicher Übungen, wie Sport und Spiel, Gymnastik und Fußwanderung oder das Natur- und Freiluftleben hin[93]. Auch in der HJ bzw. dem BDM lassen sich derartige Übungen wiederfinden. Allerdings ist hier das Ziel neben körperlicher Fitness und Gesundheit sowie den damit in Verbindung gebrachten positiven Auswirkungen auf die Erbanlagen, auch der Kameradschaftssinn und die Vorbereitung auf den Krieg angestrebt worden. Es stellt sich die Frage, ob und in wieweit Ellen Key die Eugenik im Rahmen der Euthanasie des Nationalsozialismus befürwortet oder gut geheißen hätte. Ich denke allerdings, dass sie die Internierungen, das Arbeiten bis zum Tod und die Ermordungen oder das Verhungern lassen in keinster Weise mit ihren Prinzipien übereinstimmen würde.

In bezug auf die Verbesserung der Erbanlagen würden Key und die Nationalsozialisten übereinstimmen. Der Unterschied bestünde wie schon erwähnt in der Umsetzung. Allerdings würde, wenn das „schlechte" Erbgut vermieden worden wäre, die Gefahr bestehen, dass nach anderen unerwünschten Erscheinungen gesucht werden würde.

Ellen Key zählt trotz ihrer eugenischen Gedanken zu den Klassikerinnen der Reformpädagogik/Erziehungswissenschaft. Das ist auch durchaus berechtigt, wenn man von den eugenischen Gedanken einmal absieht. Denn sie setzte sich maßgeblich für die Rechte der Frau (z.B. gegen männliche Ausbeute, das Frauenwahlrecht, freie Wahl des Zeitpunktes der Schwangerschaft) und die der Kinder (z.B. Gleichberechtigung von ehelichen und unehelichen Kindern, Recht des Kindes in eine kindgerechte Umgebung geboren zu werden) ein. Weiterhin strebte sie Reformen des Rechtswesens, Versammlungs-, Glaubens- und Gedankenfreiheit, sowie Reformen im Arbeits-, Sozial- und Familienrecht an[94].

---

92 Baader/Jacobi/Andresen: „Ellen Key reformpädagogische Vision"; Beltz Verlag; Weinheim/Basel 2000; S.156
93 Ellen Key: „Das Jahrhundert des Kindes"; Athenäum Verlag Königstein/Ts. 1978; S.17
94 Baader/Jacobi/Andresen: „Ellen Key reformpädagogische Vision"; Beltz Verlag; Weinheim/Basel 2000; S.154

Sie und andere feministische Eugenikerinnen legten in gewisser Weise den Grundstein des europäischen Wohlfahrtstaates in bezug auf das Wohlergehen von Müttern und Kindern[95]. Auch heute noch lassen sich einige von Keys Forderungen in den gesellschaftlichen Richtlinien wiederfinden. So z.B. in den UN-Konventionen, in denen u.a. das Recht des Kindes auf eigene Persönlichkeit und Individualität, auf eigene Emotionen und Urteile und auf körperliche Unversehrtheit festgeschrieben sind (Artikel 12 der UN-Konvention). In Artikel 24 bzw. 26 der UN-Charta wird ein Höchstmaß an Gesundheit und sozialer Sicherheit gefordert[96].

---

95 Baader/Jacobi/Andresen: „Ellen Key reformpädagogische Vision"; Beltz Verlag; Weinheim/Basel 2000; S.112
96 Zukunftsforum Politik, Broschürenreihe herausgegeben von der Konrad-Adenauer-Stiftung e.V., Nr. 28, Christine Henry-Huthmacher / Claudia Solzbacher (Hrsg.) 1900 – 2000 „Das Jahrhundert des Kindes"Verheißungen, Realität, Herausforderungen, Sankt Augustin Juni 2001, S.19-20

Literatur

- Andresen, Sabine, „Müterlichkeit und Mutterschaft", in „Ellen Keys reformpädagogische Vision" von Baader, Jacobi,Andresen, Weinheim/Basel 2000, S.54-63

- Baader, Meike Sophia, „Das Kind als Majestät?", in „Ellen Keys reformpädagogische Vision" von Baader, Jacobi,Andresen, Weinheim/Basel 2000,S.148-160

- Brumlik, Micha, „Pädagogik des Perfektionismus: Ellen Key" ", in „Ellen Keys reformpädagogische Vision" von Baader, Jacobi,Andresen, Weinheim/Basel 2000, S.42-53

- Büttner, Stefan, Ideologie des Herrenmenschen – Euthanasie – Holocaust, Von der Ideologie des Herrenmenschen zu Euthanasie und Holocaust Vortrag im Rahmen der Fortbildungsveranstaltung des Fachverbandes LER-Brandenburg zum Thema: „Weltbilder – Menschenbilder" am 1. 3. 2007, S.15

- Hermann, Ursula, „Die neue deutsche Rechtschreibung"; Bertelsmann Lexikon Verlag GmbH Gütersloh 1996, S. 367

- Honig, Michael-Sebastian, „Sind Kinder Subjekte? Ellen Keys doppelte Erbschaft in der Kindheitsforschung" ", in „Ellen Keys reformpädagogische Vision" von Baader, Jacobi,Andresen, Weinheim/Basel 2000, S.251-272

- Henry-Huthmacher, Christine/ Solzbacher, Claudia (Hrsg.), „ 1900 – 2000 „Das Jahrhundert des Kindes",Verheißungen, Realität, Herausforderungen", Zukunftsforum Politik, Broschürenreihe herausgegeben von der Konrad-Adenauer-Stiftung e.V., Nr. 28, Sankt, Augustin Juni 2001, S.19-20

- Key, Ellen, „Das Jahrhundert des Kindes", Athenäum Verlag Königstein/Ts. 1978

- Key, Ellen, „Das Jahrhundert des Kindes", Berlin 1921

- Kinnunen, Tiina, „Eine ``große`` Mutter und ihre Töchter – Ellen Key und die deutsche Frauenbewegung" ", in „Ellen Keys reformpädagogische Vision" von Baader, Jacobi, Andresen, Weinheim/Basel 2000, S.64-80

- Lifton, Robert Jay, „Ärzte im Dritten Reich", 1988

- Lingelbach, K. Ch, „Erziehung und Erziehungstheorien im nationalsozialistischen Deutschland", 2. überarbeitete Ausgabe, Dipa-Verlag Frankfurt am Main 1987, S. 67-77

- Mankel, Anja, „Ellen Key: „Das Jahrhundert des Kindes",„Das Recht des Kindes, seine Eltern zu wählen" – Rassischer Größenwahn oder logische Konsequenz der modernen Lebenswelt?; Grin Verlag

- Stoehr, Irene, „ Das Jahrhundert der Mutter? Zur Politik der Mütterlichkeit in der deutschen Frauenbewegung 1900-1950" ", in „Ellen Keys reformpädagogische Vision" von Baader, Jacobi,Andresen, Weinheim/Basel 2000, S.81-104

- Taylor Allen, Ann, „Das Recht des Kindes, seine Eltern zu wählen": Eugenik und Frauenbewegung in Deutschland und Großbritanien 1900-1933", in „Ellen Keys reformpädagogische Vision" von Baader, Jacobi,Andresen, Weinheim/Basel 2000, S.105-124

- Tenorth, Heinz-Elmar, „Natur als Argument in der Pädagogik des zwanzigsten Jahrhunderts", in „Ellen Keys reformpädagogische Vision" von Baader, Jacobi,Andresen, Weinheim/Basel 2000, S.301-322

Internet

- http://www.dhm.de/lemo/html/wk2/holocaust/euthanasie/index.html

- http://www.dradio.de/dlr/sendungen/kalender/335728/ : Deutschland Radio, Kalender Blatt vom 5. Januar 2005; Abruf 1. September 2007

- http://jena-plan.grunschulservice.de/ : Jahrgangsübergreifender Unterricht, JÜL/FLEX, Ist die marode Schule von heute mit Pädagogik aus der NS-Zeit zu retten?

- http://de.wikipedia.org/wiki/Eugenik

- http://de.wikipedia.org/wiki/Eugenik#Evolutionstheorie_von_Charles_Darwin

- http://de.wikipedia.org/wiki/Eugenik#Sozialdarwinistische_Gesellschaftstheorien

- http://de.wikipedia.org/wiki/Nationalsozialistische_Rassenhygiene

- http://de.wikipedia.org/wiki/Nationalsozialistische_Rassenhygiene#.E2.80.9C_und_ Abtreibungsverbot

- http://de.wikipedia.org/wiki/Sozialdarwinismus vgl. R.Bannister:"Social darwinsmus"S. 166

TV

- n24 History, „Die Geschichte der deutschen: Frauen im Dritten Reich", 20.07.09 Mod.: Dieter Kronzucker

BEI GRIN MACHT SICH IHR WISSEN BEZAHLT

- Wir veröffentlichen Ihre Hausarbeit,
  Bachelor- und Masterarbeit

- Ihr eigenes eBook und Buch -
  weltweit in allen wichtigen Shops

- Verdienen Sie an jedem Verkauf

Jetzt bei www.GRIN.com hochladen und kostenlos publizieren